AF314170

CATALOGUE

D'UN CHOIX DE

LIVRES MODERNES

TOUS RARES OU CURIEUX

ET D'OUVRAGES ROMANTIQUES

DE LA

BIBLIOTHÈQUE DE M. LE DR BONNIÈRE

DONT LA VENTE AURA LIEU

Le lundi 10 mai et le jour suivant

à sept heures et demie du soir

Rue des Bons-Enfants, 28 (maison Silvestre)

SALLE N° 1

Par le ministère de M⁰ **DELBERGUE-COURMONT**, commissaire-priseur

8, Rue de Provence, 8

PARIS

ADOLPHE LABITTE

LIBRAIRIE DE LA BIBLIOTHÈQUE NATIONALE

4, rue de Lille, 4

—

1875

CATALOGUE

D'UN CHOIX DE

LIVRES MODERNES

RARES OU CURIEUX

Papier Watmann, de Chine, etc.

ET

D'OUVRAGES ROMANTIQUES.

ORDRE DES VACATIONS.

PREMIÈRE VACATION. —

      Nos 1 à 190.

DEUXIÈME VACATION. —

      210 à la fin.
      191 à 209

CONDITIONS DE LA VENTE.

La vente se fait au comptant.

Les livres sont garantis parfaitement complets et en bon état. Les défauts sont annoncés au Catalogue.

Les livres devront être collationnés dans les vingt-quatre heures qui suivront la dernière vacation. Passé ce délai, ils ne seront repris pour aucune cause.

Le libraire chargé de la vente remplira les commissions des personnes qui ne pourront y assister.

PARIS. — IMP. VICTOR GOUPY, RUE GARANCIÈRE, 5.

CATALOGUE

D'UN CHOIX DE

LIVRES MODERNES

TOUS RARES OU CURIEUX

ET D'OUVRAGES ROMANTIQUES

DE LA

BIBLIOTHÈQUE DE M. LE DR BONNIÈRE

DONT LA VENTE AURA LIEU

Le lundi 10 mai et le jour suivant

à sept heures et demie du soir

Rue des Bons-Enfants, 28 (maison Silvestre)

SALLE N° 1

Par le ministère de Me **DELBERGUE-CORMONT**, commissaire-priseur

8, Rue de Provence, 8

PARIS

ADOLPHE LABITTE

LIBRAIRIE DE LA BIBLIOTHÈQUE NATIONALE

4, rue de Lille, 4

1875

CATALOGUE

D'UN CHOIX DE

LIVRES MODERNES

---

1. About (Edmond). Guillery. *Paris, Michel Lévy frères,* 1856. In-8, demi-rel. m. bl., non rogné.

   Rare.

2. Album de vignettes, gravures, lithographies, de *Charlet, H. Monnier, Francis,* etc. In-4, demi-rel. m. v.

3. Anglemont (Edouard d'), Légendes françaises. *Paris, Dureuil, Moreau, Rosier.* 1829. In-8, demi-rel. v. f.

   Sur le titre, vignette ultra-romantique de Deveria : le bon et le mauvais ange se disputant un cadavre qui lance des flammes par la bouche !

4. Anicet-Bourgeois. La Vénitienne. *Paris, Barba,* 1834. In-8, perc., n. rogné.

   Curieuse figure de J. Arago.

5. Annales Romantiques. *Paris, Louis Janet,* 1830. In-16, rel. v. v., fil., f. dor. et à froid sur les plats, tr. dor. — Nombreuses vignettes.

   Charmant exemplaire.

5 *bis*. Annales Romantiques. *Paris, Louis Janet,* 1831, un vol. in-16, rel. en moire viol., tr. dor.

6. Anthologie scatologique, par un bibliophile de cabinet (G. Brunet), à *Paris*, près *Charenton*, chez le libraire qui n'est pas triste. Imprimé en l'ère du carnaval de 1000800602. Un vol. in-12, br.

   Tiré à 100 exemplaires.

7. Arnal. Epître à Bouffé. *Paris, Tresse,* 1840. In-8, perca-
line, n. rogné. Lavé et encollé.

8. Asselineau (Charles). Mélanges tirés d'une petite bibliothèque romantique. *Paris, René Pincebourde,* 1866. In-8,
demi-rel. m. or., coins, t. dor., n. rogné, front. gravé.

9. Asselineau (Ch.). Le Paradis des Gens de Lettres. *Paris,
Poulet-Malassis,* 1862. In-12, d. rel. m. r., t. dor., n. rogn.
figure.

9 *bis.* Asselineau. L'Enfer du bibliophile. *Paris, Tardieu,*
1840. In-16, demi-rel. m. n., non rogné.

11. Asselineau (Charles). Histoire du sonnet pour servir à
l'histoire de la Poésie française. *Alençon,* 1856. In-12, d.
rel. m. r., tête dorée, n. rogné.

Ex. n° 12 sur 150, papier vergé.

12. Balzac. Code des gens honnêtes. *Paris, Barba,* 1825.
In-16, broché.

13. Balzac (H. de). Mémoires de deux jeunes mariés. *Paris,
Hippolyte Souverain,* 1843. 2 vol. in-8, demi-rel. m. bl.,
non rognés.

1re édition. — Tache d'humidité, légers raccommodages dans quelques
marges. Ex. lavé et encollé. — Rare.

14. Balzac (H. de). La lune de miel, *Paris, Chelindowski,* 1845.
2 vol. in-8, cart. n. rog.

15. Balzac (de). Les ressources de Quinola. *Paris, Hippolyte
Souverain,* 1842. In-8, demi-rel., taché, très-grand de
marges.

BANVILLE (THÉODORE DE).

16. Les Poésies. 1841-1854. *Paris, Poulet-Malassis et de
Broise,* 1857. In-12, demi-rel. m. Laval., tête dorée, non
rogné. Eau forte de Duveau.

17. ODES FUNAMBULESQUES. *Alençon, Poulet-Malassis et de
Broise,* 1857. Petit in-8, broc. Eau forte de Bracquemond.

Très-bel exempl., dans sa couverture primitive, de ce chef-d'œuvre d'hu-
mour et de typographie.

18. Odes funambulesques. *Paris, Michel Lévy frères,* 1859.
In-12, demi-rel. m. bl., non rogné.

2e édition contenant neuf pièces nouvelles et, en appendice, les cinq
pièces retranchées dans les éditions postérieures. — Rare.

19. Les stalactites. *Paris, Michel Lévy frères,* 1846. In-8.
demi-rel. m. bl., tête dor., n. rogné.

Grattage sur le titre.

20. Camées parisiens. *Paris, René Pincebourde,* 1864, 1873,
1re, 2e et 3e séries. 3 in-16, brochés.
Rare.

20 *bis.* Idylles de Théocrite. *Paris, Poulet-Malassis,* 1861,
in-12, dem.-rel., m. r., tr. dor., non rogné.

BARBEY D'AUVEVILLY.

21. Rosa mystica, par un missionnaire. *Caen, A. Hardel,*
1856. In-16. cart., non rogné.
Edition à 45 ex. donnée par Trébutien.

22. Du Dandysme et de G. Brummel. *Caen, Mancel,* 1845.
In-16, demi-rel. m. La Vall., coins, fil., tête dor.
n. rog.
Edition tirée à 45 ex.

23. UNE VIEILLE MAITRESSE. *Paris, Alexandre Cadot,*
1851. 3 v. in-8. brochés.
1re édition, la seule complète, très-rare dans un aussi parfait état.

24. Les Diaboliques. *Paris, Dentu,* 1875. In-12, br.
Très-rare. Il n'y aura pas d'autre édition.

25. Memorandum. *Caen, Hardel,* 1856. In-16, broché.
Rarissime, porte cette mention : Ce volume imprimé à petit nombre ne
se vend pas.

26. Poésies, 1870. In-4, pap. Hollande, titre rouge et noir,
demi-rel. m. v., non rogné.
N° 3 de cette édition à 72 exemplaires.

---

27. Barbier (Auguste). IAMBES. *Paris, Urbain Canel et Ad.
Guyot,* 1832. In-8, demi-rel. v. r.
1re édition. — Exempl. avec témoins en tous sens.

28. Barbier (Auguste). NOUVELLES SATIRES. *Paris, Paul
Masgana,* 1840. In-8. d.-rel., mar. viol., coins ; témoins.
1re édition.

29. Baret. Le Grelot ou les etc., etc., etc. *Londres,* 1781. Un
vol. format Cazin, v. m, fil. tr. d. — Fig.

30. Baschet (Armand). Le duc de Saint-Simon, son cabinet
et l'historique de ses manuscrits d'après des documents
authentiques et entièrement inédits. *Paris, E. Plon et Ce,*
1874. Gr. in-8, broché.
Un des exemplaires sur papier de Hollande.

31. Baschet (A.). Honoré de Balzac, Essai sur l'Homme et
sur l'Œuvre. *Paris, Giraud et Dagneau,* 1852. In-12, demi-
rel. v. rose.

32. Baudelaire (Charles). Théophile Gautier. *Paris, Poulet-Malassis et de Broise*, 1859. In-12, demi-rel. m. v., non rogné.

Portrait, encadré d'arabesques, des émaux et camées. Papier vergé.

33. Baudelaire (Charles). Les Epaves. *Amsterdam*, 1866. Gr. in-12, broché. Double eau-forte sur chine de Rops et contrefaçon en rouge.

Ex. n° 116 sur 250, gr. papier vergé de Hollande.

34. Beaumarchais (M. de). La Folle Journée ou le Mariage de Figaro. *Paris, Ruault*, 1785. In-8, v. Figures de Saint-Quentin, avant les voiles.

Exemplaire très-grand de marges, sur papier fort.

35. Beaumarchais. Le Mariage de Figaro. *Paris, Alphonse Lemerre*, 1872. In-16 broché.

Ex. sur papier Wattmann.

36. Le Barbier de Séville. *Paris, Alphonse Lemerre*, 1872. In-16, broché.

Ex. sur papier Wattmann.

37. Beauvoir (Roger de). La Cape et l'Epée. *Paris, Suau de Varennes et C*, 1837. In-8, demi-rel., manque l'eau-forte.

38. Bérard. Les Cancans politiques. In-8, demi-rel.

Collection des 38 numéros.

39. Bernardin de Saint-Pierre (J.-H.), Paul et Virginie. *Paris, Curmer*, 1838. Gr. in-8, dem. rel. v. f., tête dor., n. rogné.

Ex. sans les figures sur acier.

40. Bernardin de Saint-Pierre (J.-H.), Paul et Virginie. *Paris, L. Curmer*, 1838. Gr. in-8, demi-rel., tr. dor.

Ex. avec le médaillon de Mme Curmer.

41. Beroalde de Verville. Le moyen de parvenir. *S. l.*, 1773. 2 vol. in-12, titres gr., fig., demi-rel. m. r., coins, tr. dor.

42. Beverland. Le Péché originel. *Paris, librairie de l'Académie des Bibliophiles*, 1868. In-12. Broché, titre rouge et noir.

Ex. n° 8 sur 235, papier de Hollande.

43. Bibliophile fantaisiste (Le). *J. Gay et fils, Turin*, 1872. 12 vol in-16, brochés.

Réimpression à 175 exemplaires de pièces anciennes fort rares.

44. Binet-Brissart. CAZIN, sa vie et ses éditions, par un Cazinophile. *Cazinopolis*, 1863. Un vol. in-8, d. rel. m. r., coins, non rogné.

Un des 50 ex. sur grand papier de Hollande.

45. Bonnardot (A.). La Châsse de saint Cormoran. *Paris, Guiraudet et Jouaust*, 1848, pet. in-12, demi-rel. m. r. fil., t. dor., n. rog.

Facétie rare.

46. Bonnardot (A.) Joseph le rigoriste, *Paris, Guiraudet et Jouaust*, 1848. In-12, d.-rel. m. r., tête dorée, n. rogné.

Petit livre facétieux et rare.

47. Bonnardot (A.). Fantaisies multicolores. *Paris, Castel*, 1859. In-12, demi-rel. m. bl., coins, tête dorée, n. rogné, titre multicolore.

Rare.

48. Bonnardot (A.). Fantaisies multicolores. *Paris, Castel*, 1859, broché.

49. Bordelon. Diversités curieuses en plusieurs lettres. *Amsterdam, Hoogenhuysen*. 7 tomes en 6 vol. in-12, cart. sur brochure, non rognés.

Rare et curieux.

50. Boileau-Despréaux. OEuvres diverses avec le Traité du Sublime ou du Merveilleux dans le Discours. *Paris, Denis-Thierry*, 1701. In-4. v. figures.

Très-bel exemplaire de la dernière édition donnée par l'auteur et dite son *édition favorite*.

51. Borel (Petrus). MADAME ISABELLE. *Bruxelles*, 1841. In-18, broché.

Rarissime volume, qui n'est cité dans aucune bibliographie des ouvrages de l'auteur de Madame Putiphar, de Champavert, etc.

52. Bouché de Cluny (J. B.). Les Scapins de la République. *Paris*, 1852. In-8, broché.

Livre autographié.

53. Brunet (Gustave). La Papesse Jeanne, étude historique et littéraire. *Paris, J. Gay*, 1862. Petit in-12, broché.

Edition à 100 ex.

54. Brunet (Gustave). Le Traité des trois Imposteurs. *Paris, Académie des Bibliophiles*, 1867. In-12, br.

Ex. n° 97 sur 235, papier de Hollande.

55. Bunel (Guillaume). OEuvre excellente et à chascun désirant soy de peste préserver, très-utile. *Paris, Techener*, s. d. grand in-8, pap. teinté.

Ex. n° 3 sur 29.

56. Cabanon (Emile). UN ROMAN POUR LES CUISINIÈRES. *Paris, Renduel,* 1834. In-8, lavé et encollé, non rogné, prêt pour la reliure. Eau forte de Rogier.

Romantique rare. — V. Asselineau.

57. Caionne (De). Molière. Le Docteur amoureux. *Paris, Michel Lévy, frères,* 1862. In-12, broché.

Mystification opérée par M. de Calonne et qui fit grand bruit lorsqu'elle parut. — Rare.

58. Carlier (Théodore) Ψυχή. Etudes. *Paris, A. Cordier, J. Ledoyen,* 1838. In-8, demi-rel. m. r. tête dor., n. rogné, lavé et encollé.

Romantique. — V. Asselineau.

59. Caylus, Maurepas, etc. Les étrennes de la Saint-Jean. *Troyes, chez la veuve Oudot,* 1757. Les Ecosseuses ou les OEufs de Pasques, *Troyes, veuve Oudot.* 2 vol. in-12, demi-rel. m. citr., tête dor., non rognés. Titres et vignettes noir et bistre.

Très-bel exemplaire.

CHAMPFLEURY.

60. Monsieur de Boisdhyver. *Paris, Poulet-Malassis et de Broise,* 1860. In-12, percal. viol., non rogné.

1er tirage des 5 eaux-fortes de A. Gautier.

61. La succession le Camus. *Paris, Poulet-Malassis et de Broise,* 1860. In-12, broché. Frontispice de Bonvin.

62. Histoire de l'Imagerie populaire. *Paris, E. Dentu,* 1869. In-12, percal., non rogné.

Ex. sur papier de Hollande.

63. La Succession Le Camus. Les Amis de la nature. *Paris, Poulet-Malassis et de Broise,* 1861. In-12, broché, frontispices gravés, par Bonvin et Braquemond.

64. Les Chats. *Paris, J. Rothschild,* 1869. In-12, demi-rel., m. v., coins, tête dorée, n. rogné. Papier teinté.

65. LES CHATS. *Paris, Rothschild,* 1870. In-4, non rogné.

Un des exemplaires sur papier velin, auquel on a ajouté un très-grand nombre de dessins, aquarelles, gravures, eaux-fortes, etc.

67. Gay (Jean). Les Chats. *Bruxelles, Jules Gay,* 1866. In-12, demi-rel. m. r., coins, fil., t. dor., non rogné.

N° 134 sur 300 papier de Hollande.

68. Chennevières (Marquis de). Les derniers contes de Jean de Falaise. *Paris, Poulet-Malassis et de Broise*, 1860. In-12, broché. Eau-forte de Boisson.

69. Chevigné (Comte de). Les Contes rémois. *Paris, librairie de l'Académie des Bibliophiles*, 1868. Gr. in-8, broché, portrait, fig.

Envoi autographique.

70. Chevigné (Le marquis de). CONTES RÉMOIS, s. n. *Paris, Hetzel*, 1843, un vol. gr. in-8, broché.

Très-bel exemplaire de cette édition qui contient les 29 eaux-fortes de Perlet.

71. Constant (M. Benjamin de) Adolphe. *Paris, Treuttel et Wurtz ; Londres, H. Colburn*, 1816, in-12, broché.

1re édition. — Rare.

72. Coppée (François), POÉSIES. *Paris, Alphonse Lemerre*, 1870, demi-rel., m. r.., tête dorée, non rogné. — Portraits sur chine et avant la lettre.

Ex. n° 18 sur 50 papier Wattmann. - Epuisé et très-rare.

73. Coppée, THÉATRE. *Paris, Alphonse Lemerre*, 1872, broché.

Ex. sur papier Wattmann.

74. Daucourt (Thémidore). *La Haye*, 1776, 2 tom. en 1 vol. in-12, demi-rel. m. r., coins, tr. peigne (*Allô*).

C'est cet ouvrage que J. Janin a *imité* dans la Revue de Paris en 1832, sous le titre de Rosette, et qui lui a valu une si grave accusation de plagiat. V. Quérard, *Supercheries*, art. Janin.

75. DELAHAYS (Collection). Les Cent Nouvelles Nouvelles. *Paris, Adolphe Delahays*, 1858. In-18, demi-rel., c. de Russie, coins, fil., dos orné, tête dorée, non rognés.

76. Bussy-Rabutin (comte de). Histoire amoureuse des Gaules, suivie de la France galante. *Paris, Adolphe Delahays*, 1857. 2 vol., même reliure.

77. La Fontaine, Contes et Nouvelles. *Paris, Adophe Delahays*, 1858, même reliure.

78. Les Œuvres de Tabarin. *Paris, Adolphe Delahays*, 1858, même reliure.

79. Des Périers. Le Cymbalum Mundi. Paris, *Adolphe Delahays*, 1858, même reliure.

80. Régnier. Œuvres complètes. *Paris, Adolphe Delahays*, 1860, même reliure.

81. Œuvres de Philippe Desportes. *Paris, Adolphe Delahays*, 1858, in-16, broché, pap. vergé.

82. Les Cent Nouvelles Nouvelles. *Paris, Adolphe Delahays,* 1858, grand in-18, papier vélin, broché.

83. Dassoucy. Aventures burlesques. *Paris, Adolphe Delahays,* 1858, in-18, pap. vergé, cart., non rogné.

84. Cyrano de Bergerac. OEuvres comiques, galantes et littéraires. *Paris, Adolphe Delahays,* 1858, in-18, pap. vergé, cart., non rogné.

85. Marguerite, reyne de Navare. L'Heptaméron. *Paris, Adolphe Delahays,* 1858, in-18, papier vergé, cart., non rogné.

86. Dassoucy. Aventures burlesques. *Paris, Adolphe Delahays,* 1858, in-16, broché, pap. vergé.

87. Sorel (Charles), la vraie histoire comique de Francion, in-16, broché, papier vergé.

----

88. Delavigne (Casimir). Sept Messéniennes nouvelles. *Paris, Ladvocat,* 1827, in-8, broché.

1re édition.

89. Delavigne (Casimir). La Fille du Cid. *Paris, Tresse,* 1840, in-8, broché.

1re édition.

90. Delavigne (Casimir). Trois Messéniennes. Elégies sur les malheurs de la France. *Paris, Ladvocat,* 1818, in-8, demi-rel., non rogné.

1re édition.

91. Delcroix (Fidèle). Poésies. *Paris, Dentu,* 1829, in-18, demi-rel., m. bl., non rogné, *figure.*

De la série romantique. — Rare.

92. Delprat. LES FRÈRES D'ARMES. *Paris, Jouaust,* 1865, in-8, cart., non rogné, eau forte.

Lorsque parut cette plaquette, tirée seulement à 11 exemplaires, tous les journaux la reproduisirent presque intégralement. Il est impossible de s'incarner plus complétement dans la forme d'un homme que Delprat ne l'a fait dans la manière de V. Hugo ; c'est un vrai chef-d'œuvre de parodie.

Alfred Delvau.

93. Les Sonneurs de sonnets. *Paris, Bachelin Deflorenne,* 1867, in-32, demi-rel. m. r., tête dor., n. rog., très-rare.

94. A la porte du Paradis. *Paris, Achille Faure,* 1867, in-12, percal, non rogné

95. Le Fumier d'Ennius. *Paris, Achille Faure*, 1865, in-12, demi-rel., m. r., non rogné. *Eau forte de Flameng.*

96. Histoire anecdotique des barrières de Paris. *Paris, E. Dentu*, 1865, in-12, demi-rel., dos et coins m. r., tête dorée, non rogné.

97. Françoise. *Paris, Achille Faure*, 1865, in-32, demi-rel., m. r., non rogné. Eau forte de Thérond.

98. Le Fumier d'Ennius. *Paris, Achille Faure*, 1865, in-12, broché. Eau forte de Léopold Flameng.

99. Histoire anecdotique des barrières de Paris. *Paris, E. Dentu*, 1865, in-12, demi-rel., m. bl., tête peigne, n. rogné.

100. Les Cythères parisiennes. *Paris, E. Dentu*, 1864, in-12, demi-rel., m. bl., tête peigne, non rogné.
Bel exemplaire

101. Heures parisiennes. *Paris, librairie centrale*, 1866, in-12, demi-rel., m. bl., tête peigne, ébarbé.
Exempl. du 1er tirage, avex la fig. de minuit intacte.

102. Dictionnaire de la Langue verte. *Paris, E. Dentu*, 1866, in-12, non rogné.
Ex n° 64 sur 100 sur papier de Hollande de la 1re édition, avant les suppressions que nécessitèrent des menaces de procès.

103. Histoire de la Révolution de Février. *Paris, Blosse, Garnier frères*, 1850, in-8, broché.

104. Les Dessous de Paris. *Paris, Poulet Malassis et de Broise*, 1860, in-12, demi-rel., perc., non rogné, double épreuve sur Chine, rouge et noire, de l'eau forte de Flameng.

105. Les Heures parisiennes. *Paris, librairie centrale*, 1866, in-12, demi-rel., m. r., tête dor., non rogné.
Ex. sur papier de Hollande avec les Eaux-fortes de Bénassit sur chine, *avant* la lettre. — Epreuves d'essais ajoutées.

106. Du pont des Arts au pont de Kehl. *Paris, Faure*, 1866, in-12, perc., non rogné, frontisp. sur chine.

107. Mémoires d'une Honnête Fille. *Paris, Achille Faure*, 1866, in-12, perc., non rogné.
Avec le portrait qui fut supprimé parce qu'on lui trouvait une trop grande ressemblance avec l'Impératrice.

108. Histoire anecdotique des cafés et cabarets de Paris. *Paris, E. Dentu*, 1862, in-12, demi-rel., m. r., non rogné. — Eaux fortes de Courbet, Flameng et Rops et gr. ajout.

109. Le dernier des Napoléon. *Paris, Lacroix et Cie*, 1874, gr. in-8, broché.

Ex. n° 42 sur 50 papier de Hollande.

110. Desforges. Le Poëte, ou Mémoires d'un homme de lettres, écrits par lui-même. *Paris, Emile Babeuf*, 1819, 5 vol. in-12, demi-rel., m. grenat, tête dorée, n. rognés, portraits et figures.

Ex. lavé et quelques raccommodages.

111. Des-Portes (Philippes), abbé de Thiron. Les CL psaumes de David, mis en vers français. *Rouen, de l'imprimerie de Raphaël du Petit-Val*, 1609. — Poésies chrestiennes, 1609. — Prières et méditations chrestiennes. *Rouen, Raphaël du Petit-Val*, 1609. Ensemble, 3 parties en 1 vol. in-12, m. r , dos orné, fers et fil. sur pl., tr. dorée, dent. int. (*Allô*).

112. Les OEuvres de Philippes Des-Portes, abbé de Thiron. *Rouen de l'imprimerie du Petit-Val*, 1611, in-12, m. r., fers et filets sur les plats, dent. int., tr. dor. (*Allô*), frontispice de Léonard Gaultier.

Bel exemplaire de cette édition imprimée en caractères italiques.

113· Dom Devienne. Histoire d'Artois, jusqu'à Hugues Capet, 1784, 5 vol. in-8, demi-rel., *non rognés*.

114. Dictionnaire des Jacobins vivants. *Hambourg*, 1799, in-12, cart., non rogné, figure.

115. Diderot. Les Bijoux indiscrets, *Amsterdam, Marc-Michel Rey*, 1772, t. V des œuvres in-8, tr. dor., dérelié, figures et portrait ajouté.

116. Didier (Charles), la Porte d'ivoire. *Paris, Paulin*, 1848, in-8, demi-rel, m. r., tête dor., non rogné,

Romantique en 1830, M. Didier devint homme politique sous l'Empire, et fut un instant célèbre par ses démêlés avec M. de Villemessant.

117. Dolet (Estienne). La belle manière de traduire d'une langue dans une autre. *Lyon, Dolet*, 1540. — Genethliacum. *Lyon, Dolet*, 1539. — L'avant naissance de Claude Dolet, fils d'Estienne. *Lyon, Dolet*, 1539. En 1 vol. in-12, cart., non rogné.

Réimpression Techener à 120 exemplaires.

118. Dolet (Estienne). Le second Enfer. *Lyon*, 1544, in-12, cartonné, non rogné.

Réimpression Techener à 120 exemplaires.

119. Etienne Dolet. Procès (par Tallandier). *Paris, Techener*, 1836, in-8, cart., n. rogné.

120. Dolet (Etienne). Le second Enfer. *Paris, librairie de l'Académie des Bibliophiles,* 1868, in-12, broché.

Ex. n° 13 sur 235, papier vergé.

121. Doppet. Le médecin de l'Amour. *Paris, Leroy,* 1787, in-8, broché, figure.

Rare avec la figure et dans cette condition ; a besoin d'être lavé.

122. Dorat. Coup d'œil sur la littérature ou collection de différents ouvrages tant en prose qu'en vers, en deux parties, par M. Dorat, pour servir de suite à ses œuvres. *Amsterdam* et *Paris, Gueffier,* 1780, 2 vol., in-8, demi-rel.

C'est dans cet ouvrage que se trouve le conte : *Point de lendemain.*

123. La première partie des collations royales, contenant l'exposition de deux psalmes davidiques. — La secõde partie des collations royalles, cõtenãt le trespas du Roy des cheualiers chrestiõs, mort au lict d'hõneur, en la Croix. *Auec priuilege. On les vend à Paris en la rue S. Iaques, enseigne de la Queue de Reqnard. (Imprimez nouuellement à Paris par René Apuril pour Iehan André, et Iehan Ruelle, libraires,* 1546.) 2 vol. in-16, rel. anc., mouton rouge, fil., tr. rouges.

Cet ouvrage est le plus rare de tous ceux de Pierre Doré que l'on recherche pour leur singularité.

Cet exemplaire, bien conservé, provient de la bibliothèque de P. Duputel, dont il porte les *ex-libris.*

124. Dovalle. LE SYLPHE. *Paris, Ladvocat,* 1830, in-8, demi rel., grand de marges.

1re édition.

125. Drouineau (Gustave). Confessions poétiques. *Paris, Charles Gosselin,* 1834, in-8, demi-rel., m. r., non rogné.

Romantique. — V. Asselineau.

126. Ducleut (Abdon). L'Oiseau moqueur sur une branche de houx. *Paris, Ledoyen,* 1857, in-16, d. rel., m. r.

Envoi d'auteur.

127. Dugué (Ferdinand). Horizons de la poésie. *Paris, E. Renduel,* 1836, in-8, broché.

Romantique. — V. Asselineau.

128. Dugué (Ferdinand). Les Gouttes de rosée. *Paris, Christophe Parisse,* 1840, in-18 jésus, papier vergé, broché.

Romantique.

ALEXANDRE DUMAS.

129. Kean. *Paris, Barba,* 1836, in-8, broché.

1re édition. — Envoi effacé à Frédéric Lemaître.

130. Le Corricolo. *Paris, Dolin,* 1843, 2, in-8, br.

1re édition, gravure d'après Giraud.

131. Gaule et France. *Paris, U. Canel, A. Guyot,* 1833, in-8, demi-rel. (*Bauzonnet.*)

1re édition.

132. Napoléon Bonaparte, ou Trente ans de l'Histoire de France. *Paris, Tournachon-Moulin,* 1831. In-8, demi-rel. m. bl., dos orné, non rogné.

1re édition. — Envoi autographique au peintre Saint-Evre.

133. L'Alchimiste, *Paris, Dumont,* 1839. In-8, broché.

1re édition. — Envoi à Sainte-Beuve.

134. Stockholm; Fontainebleau et Rome. *Paris, Barba,* 1830. In-8, broché. Lithographie de Raffet.

Dédicace autographique à Saint-Evre. — 1re édition.

135. Henri III et sa Cour. *Paris, Vezard et Ce, Le Normand, père,* 1829, broché.

1re édition.

136. Impressions de Voyage. *Paris,* 1833. In-8, très-belle et rare eau-forte de C. Nanteuil, rel. en percal. au chiffre couronné de Napoléon III.

1re édition.

---

137. ET UNE DE PLUS! Histoire véritable, par un officier de marine. *Paris, Levrault,* 1803. Petit vol. in-12, d.-rel. m. v., coins, fil., non rog. (Bauzonnet.)

Charmant petit volume, très-bien imprimé, à grandes marges, contenant un récit dans le genre de *Point de lendemain;* il a dû être tiré à un très-petit nombre d'exemplaires, car on n'en trouve de traces dans aucun ouvrage de bibliographie. Celui-ci a appartenu à Labedoyère, dont il porte l'*Ex libris.*

138. Emblèmes d'Amour divin et humain. Expliquez par des vers français, par un père capucin. *Paris, Pierre Mariette.* Tirage in-4, sur papier fort.

139. Erasme. Eloge de la folie, traduction de Barret. *Paris, Defer de Maisonneuve,* 1789. In-12, bas., douze figures d'Eisen.

140. Ferrière (Théophile de). Les Contes de Samuel Bach (Il Vivere). *Paris*, 1836. In-8, demi-rel., m. br., ébarbé. Raccommodage au faux-titre.

Romantique. — V. Asselineau.

141. Flaubert (Gustave). LA TENTATION DE SAINT AN-TOINE, *Paris, Charpentier et C*, 1874. In-8, broché.

Exemplaire n° 9 sur 12, papier de Chine.

142. Flocon (Ferdinand). Ballades Allemandes, tirées de Burger, Korner et Rosegarten. *Paris, Henry*, 1827. Petit in-12, broché.

Romantique rare.

143. Fouinet (Ernest). Roch le Corsaire. *Paris, Masson et Duprey*, 1836. 2 vol. in-8, demi-rel. m. v., non rognés.

Romantique. — V. Asselinean,

144. Fouinet (Ernest). La Stréga. *Paris, Silvestre, fils, Allais*, 1832. 2 vol. in-8, cart. Vignette de Gigoux. Cachets sur les titres.

ÉDOUARD FOURNIER.

145. Histoire du Pont-Neuf. *Paris, Dentu.* 2 vol. in-12, brochés. Photographie.

Exempl. unique sur papier vert.

146. Le Roman de Molière. *Paris, Dentu*, 1863. In-18, broché.

Rare.

147. La comédie de J. de la Bruyère. *Paris, Dentu*, 1866. 2 vol. grand in-18, demi-rel. m. r., tête dorée, n. rognés. Titre rouge et noir.

148. L'Esprit des autres. 4e édition considérablement aug-mentée. *Paris, Dentu*, 1861. In-18 jésus, demi-rel., m. r., tête dor., non rogné.

149. L'Art de la reliure en France. *Paris, J. Gay*, 1864. In-12. broché.

Ex. n° 80 sur 300 papier vergé.

150. Chroniques et Légendes des rues de Paris. *Paris, Dentu*, 1864. In-18, broché.

151. La Vraie farce de Maître Pathelin. *Paris, librairie des Bibliophiles*, 1873. In-12, broché. Portraits de Got et de Coquelin.

Epuisé.

152. Maistre Pierre Pathelin. *Paris, Baillieu*, 1860. In-12, broché, couv. imprimée.

Réimpression textuelle et figurée de l'édition gothique de Pierre Levet.

153. **La Farce de Maistre Pathelin,** mise en trois actes, avec traduction en vers modernes vis-à-vis du texte du XVᵉ siècle. *Paris, librairie des Bibliophiles.* 1872. In-12, non rogné, fig. sur bois.

Epuisé.

154. Corneille à la Butte Saint-Roch. *Paris, E. Dentu,* 1862. In-12, rel. perc., non rogné, vignette et plan.

---

155. Franc-Castel (Edouard de). Physiologie du Prêtre. *Paris, Lange-Levy et Cᵉ,* 1841. In-16, perc. n. rogné.

Rare.

156. La Gaudriole, ou Recueil de Chansons érotico-bachiques, morales, joyeuses et autres; rédigé par un convive des soupers de Momus. *Paris, Lécrivain,* 1821. — Soyé. Refrains pour rire. *Paris,* 1825. Ens. 2 vol. in-32, demi-rel. m. v.

Théophile Gauthier.

157. POÉSIES. *Paris, Charles Mary, Rignoux,* 1830. In-16, d.-rel. m. bl., tête dorée, non rogné.

1ʳᵉ édition, on plutôt édition unique, car la plupart de ces poésies n'ont jamais été réimprimées.
LE PLUS RARE DES POËTES ROMANTIQUES.

158. Emaux et camées. *Paris, Eugène Didier,* 1853. Ed. Diamant, broché, à laver.

1ʳᵉ édition.

159. Emaux et camées. *Paris, Poulet-Malassis et de Broise,* 1858. In-12, demi-rel. m. r., non rogné. Portrait par Théron.

Bel exemplaire, papier vélin.

160. Mademoiselle de Maupin. *Paris, Charpentier,* 1845. In-12, dem. rel. m. grenat, tête dorée. n. rog.

Exempl. de la 1ʳᵉ édition in-12, qui est bien plus belle que toutes celles qui ont suivi. — Lavé et encollé.

161. LA COMÉDIE ET LA MORT. *Paris, Desessart,* 1838. Gr. in-8, broché. Vignette de Louis Boulanger, représentant l'auteur, accompagné d'une nymphe vêtue de sa seule pudeur, et interrogeant le Sphinx.

1ʳᵉ édition. Superbe exemplaire, malgré les taches de rousseur habituelles.

162. Caprices et zigzags. *Paris, Victor Lecou,* 1852. In-12, demi-rel. m. bl., coins, non rogné.

163. Honoré de Balzac. *Paris, Poulet-Malassis et de Broise,* 1860. In-12, broché. Premier tirage du beau portrait par Hédouin.

164. Œuvres Humoristiques. Les Jeunes-France. Une larme du Diable. *Paris, Victor Lecou,* 1861. In-12, demi-rel. m. bl., coins, n. rogné.

Ne pas confondre avec les réimpressions modernes in-12.

165. Poésies complètes. *Paris, Charpentier,* 1850. In-12, demi-rel. m. bl., coins, tête dorée, non rogné.

Exemplaire unique sur papier rose.

GÉRARD DE NERVAL.

166. FAUST, tragédie de Gœthe, nouvelle traduction complète en prose et en vers, par Gérard. *Paris, Dondey-Dupré,* 1828. In-32, cartonné.

Ex. dans son cartonnage primitif de cette rarissime édition qui offre des variantes importantes; pour n'en citer qu'une, dans cette édition, le PROLOGUE dans le ciel est en vers : dans toutes les autres il est en prose.

167. Faust, tragédie de Gœthe, nouvelle traduction complète, par Gérard. *Paris, veuve Dondey Dupré,* 1836. In-18, broché. — 2e édition.

Le portrait à l'eau forte de Faust, qui est presque toujours remplacé par une gravure d'après Rembrandt (l'alchimiste), est remonté. — Rare.

168. Les Illuminés. *Paris, Victor Lecou,* 1852. In-12, broché.

1re édition.

169. Le Rêve et la Vie, *Paris, Victor Lecou,* 1855. In-12, broché.

1re édition.

170. Scènes de la vie Orientale. Les Femmes du Caire. *Paris, Ferdinand Sartorius,* 1848. In-8, demi-rel. m. r., dos orné, coins, fil., tête dor., n. rogné. (Allô.)

1re édition. Ex. lavé et encollé.

171. Léo Burckart, accompagné de mémoires et documents inédits sur les sociétés secrètes d'Allemagne. *Paris, Barba et Desessart,* 1839, in-8, broché.

1re édition. Très-rare.

172. Les Filles du feu. *Paris, Giraud,* 1854, in-12, br.

1re édition.

173. La Bohême galante. *Paris, Michel-Lévy,* 1855, in-12, demi-rel., mar. v., non rogné.

1re édition.

174. Gill. Les Chansons des grues et des boas. *Paris, chez tous les libraires*, 1865, in-8, broché. — Six lithog. et dessins.

Parodie de Victor Hugo.

175. Glatigny (Albert). Les Vignes folles. *Paris, Librairie Nouvelle*, 1860, grand in-8, broché. — Front. de Voillemot gravé par Bracquemond.

176. Faust. Traégdie en cinq actes, adaptée à la scène française, d'après Gœthe, par F. Ristelhuber. *Paris, Poulet Malassis*, 1861, in-12, cart., non rogné, rare.

177. Faust. Tragédie par Gœthe, traduite par Stapfer. *Bruxelles*, 1838, in-18, broché.

26 figures très-finement gravées, et le portrait qu'on trouve rarement.

179. Goncourt (Edmond et Jules de). Les Actrices. *Paris, Dentu*, 1856, petit in-32, broché. — Rare.

180. Goncourt (Edmond et Jules). Sophie Arnould. *Paris, Poulet-Malassis* et *De Broise*, 1859, in-12, demi-rel., m. v., non rogné.

Avec l'Appendice.

181. Guérin (Maurice de) RELIQUIÆ. Publié par Trébutien avec une étude de Sainte-Beuve. *Paris, Didier et Cie*, 1861, 2 vol. in-16, papier vergé à la forme, brochés.

r⁰ édition tirée à quelques exemplaires.

182. Guerrois (Charles des). l'atelin, comédie du XVe siècle, ramenée à la langue du XIXe. *Paris, Ledoyen*, 1855, in-12, cart. sur broch., n. rog.

Curieux à comparer avec le travail semblable de M. Fournier. — V. le n° 153 de ce catalogue.

183. Guichard (C. E.). Catilina. Drame romantique. *Paris, J. N. C. Villet*, 1844, in-8, br.

184. Halévy (Léon). Poésies européennes. *Paris, Delaforest*, 1827, in-8, broché.

Rare.

185. Hatin (Eugène). Les Gazettes de Hollande et la Presse clandestine aux XVIIe et XVIIIe siècles. *Paris, René Pince-bourde*, 1865, in-8, br., fig. de Ulm.

186. Hillemacher (Frédéric). GALERIE HISTORIQUE DES PORTRAITS DES COMÉDIENS DE LA TROUPE DE MOLIÈRE. *Lyon, Louis Perrin*, 1858, in-8, M. Lavallière, fil à froid, tr. dorée. (*Petit, succ. de Simier.*)

Ex. n° 79 sur 100 de ce premier tirage, non mis dans le commerce. Papier teinté.

Ex dono de **Fr. Hillemacher** à M. Gavault.

187. Hillemacher de Manne et Ménétrier. Galerie historique des comédiens de la troupe de Nicolet. *Lyon, N. Scheuring,* 1869, in-8, pap. vergé teinté, broché, 29 portraits et vign. à l'eau forte, par Hillemacher.

188. Hillemacher et de Manne. Galerie historique des comédiens de la troupe de Talma. *Lyon, N. Scheuring,* 1866, in-8, pap. vergé teinté, 41 portraits à l'eau forte et vign., par Hillemacher.

189. Hoffmann (E. T. A.). Contes fantastiques, traduits par Egmont. *Paris, Perrotin,* 1840, 4 vol. in-8, demi-m. bl., non rognés.— Gravures d'après Rogier.

190. Houssaye (A.). Les Comédiennes d'autrefois. *Paris, Michel Lévy, E. Blanchard,* 1855, 2 vol., coll. Hetzel et Lecou, percal. non rogné.

VICTOR HUGO.

191. HERNANI ou l'honneur castillan. *Paris, Mame et Delaunay-Vallée,* 1830, in-8, cartonné, non rogné.

1er tirage de le 1re édition, remarquable par cette variante, p. 38, vers 7 et 8 :

> Ne fiant qu'à la nuit leurs manœuvres infâmes,
> Par derrière aux maris volent l'honneur des femmes.

Ce dernier vers est remplacé par celui ci-dessous au 2e tirage :

> Dérobent aux époux la chasteté des dames.

192. LE ROI S'AMUSE. *Paris, Eugène Renduel,* 1832, in-8, broché. — Sur le titre-frontispice se trouve la vignette sur Chine de Johannot : *Triboulet reconnaissant le cadavre de sa fille.*

1re édition.

193. LE DERNIER JOUR D'UN CONDAMNÉ. *Paris, Gosselin,* 1829, in-12, broché. — *Fac-simile de la chanson en argot.*

1re édition, sans nom d'auteur.

194. Les Chants du Crépuscule *Paris, Eugène Renduel,* 1833, in-8, broché.

1re édition.

195. LUCRÈCE BORGIA. *Paris, Eugène Renduel,* 1833, in-8, demi-rel., m. r., coins, fil., tête dorée, ébarbé. — Eau forte sur Chine sur le titre gravé par Célestin Nanteuil.

1re édition.

196. HAN D'ISLANDE. *Paris, Persan,* 1823. 4 vol. in-12, demi-rel. m. bl., tête dorée, ébarbés.

1re édition.

197. Le Sacre de Charles X. *Paris, Ladvocat.* In-8, broché.

1re édition.

198. BUG-JARGAL. *Paris, Urbain Canel*, 1826. In-16, demi-rel. non rogné. Eau-forte d'Adam.

1re édition.

199. ODES ET BALLADES. *Paris, Ladvocat*, 1826. In-18, demi-rel. m. r., tête dorée.

1re édition.

200. CROMWELL. *Paris, Ambroise Dupont et Ce*, 1828. In-8, broché. Portrait et figures ajoutées d'après Johannot, Marcke et Rogier.

1re édition.

201. LES VOIX INTÉRIEURES. *Paris, Eugène Renduel*, 1837. In-8, demi-rel. m. bl., tête dor., non rogné.

1re édition. — Très-bel ex. lavé et encollé.

203. MARIE TUDOR. *Paris, Eugène Renduel*, 1833. In-8, demi-rel. m. bl., titre-frontispice à l'eau-forte, par C. Nanteuil.

1re édition.

203 *bis*. LES BURGRAVES. *Paris, Michaud*, 1843, in-8, broché.

1re édition.

204. Odes et Ballades. Les Orientales. *Paris, Charles Gosselin*, 1829. 3 vol. in-8, demi-rel., gr. de marges.

Conformes à l'édition décrite par Asselineau, *Mélanges, etc.*, p. 2 et 3 :
« 1re édition in-8° des *Odes et ballades;* elle est augmentée de neuf pièces nouvelles; elle est ornée de deux vignettes sur bois, de Louis Boulanger : 1° *l'Eglise Saint-Germain-l'Auxerrois;* 2° *le Géant*, et de deux gravures chine d'après le même artiste. Pour le tome premier, un curieux portrait de V. Hugo; pour le tome second, la *Ronde du Sabbat*, composition différente du tableau. Les *Orientales* ont une gravure : le *Clair de lune*, sur chine, et une vignette sur le titre : *les Djinns*. »

205. Notre-Dame de Paris. *Paris, Eugène Renduel*, 1836. In-8, demi-rel.

On trouve dans cette édition les gravures suivantes de premier tirage, sur papier de Chine et très-rares.
1. Notre-Dame de Paris, par Rouargue.
2. Quasimodo, par L. Boulanger.
3. La Cruche cassée, par Raffet
4. Une Galette au levain de maïs, par A. Johannot.
5. Une Nuit de noces, par A. Johannot.
6. Du Danger de confier son secret à une chèvre, par A. Johannot.
7. Trois cœurs d'hommes faits différemment, par Rogier.
8. Sourd, par A. Johannot.
9. Un maladroit Ami, par le même.
10. Le Retrait où dit ses heures M. Louis de France, par Rogier.
11. Le Petit Soulier, par Alfred Johannot.

206. Notre-Dame de Paris. *Paris, Perrotin, Garnier, frères*, 1844. gr. In-8, broché. Nombreuses gravures d'après Meissonnier, Johannot, Daubigny, etc.

207. La Légende des Siècles. *Paris, Michel Lévy, frères, Hetzel*, 1859. 2 vol. in-8, brochés.

1re édition.

208. Les Contemplations. *Paris, Pagnerre, Michel Lévy*, 1866. 2 vol. in-8, brochés.

1re édition.

209. L'Année Terrible, *Paris, Michel Lévy*, 1872. In-8, broché.

1re édition. Ex. n° 42 sur 150 papier de Hollande.

---

210. Imbert. Choix de Fabliaux, mis en vers. *Genève, Paris, Prault*, 1788. 2 vol., format Cazin, m. r., dos orné. tr. dorée.

Exemplaire au nom de M. Guillotin sur les plats.

211. Intrigues du cabinet des Rats, Apologue National, destiné à l'instruction de la jeunesse, et à l'amusement des vieillards. *Paris, Le Roy*. 1788. In-8, v. f., tr. r., 22 gravures en taille-douce.

Bel exemplaire.

212. Jacob (bibliophile). L'Homme au masque de fer. *Paris, Victor Magen*, 1837. In-8, demi-rel. m. bl., non rogné.

Etude peu commune.

213. Jacob (Le bibliophile). Bibliographie molièresque. *Turin, Gay et fils*, 1872. In-12 écu, pap. vergé, broché.

Ex. n° 45 sur 50.

314. Jacob (P. L.). Les Deux fous. *Paris, Martinot*, 1845. Gr. in-8, demi-rel., 12 magnifiques gravures.

Romantique.

215. Jal (A). Esquisses, croquis, pochades, ou tout ce qu'on voudra, sur le salon de 1827. *Paris, Ambroise Dupont et Cᵉ*, 1828. In-8, d.-rel. Dessins lithographiés d'après Delacroix, L. Cogniet, H. Vernet, etc., et lith. coloriée d'Henri Monnier.

JULES JANIN.

216. BARNAVE. *Paris, Alexandre Mesnier et Levavasseur*, 1831, 4 vol. in-12, rel. percal. bl., non rognés.

1re édition. — Rare.

217. L'Elysée-Bourbon. *Paris, Urbain Canel*, 1832. In-12, demi-rel., m. bl., non rogné.

Vignette sur le titre représentant l'Elysée-Bourbon, et portrait du comte de Chambord, enfant.

J. J. était légitimiste à cette époque.

218. Discours de réception à la porte de l'Académie française. *Paris, Jules Tardieu*, 1865. In-16, demi-rel., perc. non rogné.

Ex. sur papier jaune, unique.

219. Les Catacombes. *Paris, Werdet*, 1837. 6 tomes en 3 vol. in-18, demi-rel., m. bl., tête dor. non rognés·

On trouve dans ces volumes rares, une Biographie du marquis de Sade, des Etudes sur Holbein, F. Durer, G. Sand, les Johannot, etc.

220. Deburau. Histoire du Théâtre à quatre sous, pour faire suite à l'Histoire du Théâtre-Français. *Paris, Charles Gosselin*, 1833. 2 tomes en un vol. in-12, demi-rel., perc. angl., ébarbé. Vignettes.

Joli exemplaire.

221. La Confession. *Paris, Alexandre Mesnier*, 1830. In-12., v. f. (tachée), t. dor., non rogné. Eau-forte sur chine de Johannot.

222. La Religieuse de Toulouse. *Paris, Lévy, frères*, 1850. 2 in-8, brochés.

1re édition.

223. Le Livre. *Paris, Henri Plon*, 1870. Gr. in-8, broché.

224. Lamartine. *Paris, Jouaust*, 1869. In-12, demi-rel., m. bl., non rogné.

Ex. sur papier de Chine. — Rare.

225. Alexandre Dumas. *Paris, librairie des Bibliophiles*, 1871. In-18 raisin, broché: Portrait par Flameng.

Exempl. sur papier de Chine. — Epuisé.

226. F. Ponsard. *Paris, librairie des Bibliophiles*, 1872. In-18 raisin, broché. Portrait par Flameng.

Exempl. sur papier de Chine. — Epuisé.

227. La Muette. *Paris, librairie des Bibliophiles*, 1871. In-12, broché.

Ex. n° 5 sur 10 papier de Chine.

228. Jules Janin, par Piedagnel. In-12, broché. Portrait par Flameng.

Ex. n° 1 sur 10 papier de Chine.

229. Les Deux discours de M. Jules Janin, à l'Académie française, *Paris, librairie des Bibliophiles*, 1872. In-12, broché.

Ex. sur papier de Chine. — Epuisé.

---

320. Jourdan (Prosper). Rosine et Rosette. *Paris, Poulet-Malassis*, 1862. In-12, broché.

Envoi autographié à Azevedo. — Rare.

Achille Jubinal.

231. La légende latine de S. Brandaines, publiée par A. Jubinal, *Paris, Techener*, 1836. 167 pages.

Un sermon en vers, publié pour la première fois, *Paris, Techener*, 1834. 32 pages.

Lettre au Directeur de l'Artiste, touchant le manuscrit n° 354 de la *bibliothèque de Berne*, perdu pendant 28 ans, suivie de quelques pièces inédites du XIIIe siècle. *Paris, Pannier*, 1838. 45 pages.

Notice sur les armes défensives, *Paris, Challamel*, 1840. Figures. 32 pages.

Rapport au Ministre sur quelques pièces inédites tirées des manuscrits de la *bibliothèque de Berne. Paris*, 1838. 96 pages.

Notice sur le Baron Taylor et sur les tableaux espagnols achetés par lui d'après les ordres du roi. *Paris, Pannier*, 1837. 37 pages.

La Bataille et le Mariage des VII arts. Pièces inédites du XIIIe siècle en langue romane. *Paris, Pannier*, 1838. 57 pages.

Le Miracle de Théophile, par Rutebeuf. *Paris, Pannier*, 1838. 40 pages.

La Complainte d'Outre-Mer, par Rutebeuf, avec une notice sur le poëte. *Paris, Techener*, 1834.

Ensemble 9 pièces tirées à petit nombre et rares en un vol. in-8, demi-rel.

---

232. Labensky (M.-X.). Erostrate poëme. *Paris, Charles Gosselin*, 1811. In-8, demi-rel. m. bl., non rogné.

Romantique. — V. Asselineau.

233. La Bruyère. Les Caractères. *Paris, Estienne Michallet*, 1694. 8e édition. In-12, mar. r. ancien, tr. d.

Cette édition est réellement la dernière revue par La Bruyère. La IXe donnée par Michallet, après la mort de l'auteur (11 mai 1696), n'en diffère que par des coquilles et des fautes grossières; sur le titre la date même contient une faute : MDC.CXVI au lieu de MDC.XCVI; on n'y trouve aucune addition ni aucune annotation nouvelle.

La Bruyère avait bien préparé une édition dernière; mais ses héritiers peu satisfaits de ses libéralités envers les Michallet, ne voulurent pas communiquer l'exemplaire additionné et corrigé par l'auteur, et cet exemplaire ne s'est pas retrouvé.

234. Huart (Louis). Le Comic almanack. *Paris, Aubert et Ce*. In-12 cart. tr. dorée. 12 eaux-forte de Trimolet et nombr. figures.

235. Karr (Alphonse). Am Rauchen. *Paris, Berquet et Petion.* 1842. In-8, broché.

1re édition.

236. LA FONTAINE. FABLES. *Paris, Lemerre.* 1868. 2 vol. débrochés, non rognés.

Exemplaire sur papier Turkey-Mill, nº 32. — Double épreuve du frontispice, sur chine volant et en bistre.

237. LA FONTAINE. CONTES ET NOUVELLES. *Paris, Alphonse Lemerre,* 1868. 2 vol. brochés.

Ex. nº 32 sur papier Turkey-Mill.

238. La Fontaine (**M.** de). Contes et Nouvelles en vers. *Amsterdam,* 1755. 2 vol. in-12, v. f., tr. r.

Très-curieuse suite de 24 eaux-fortes.

239. Marquis de la Grange. Pensées de Jean-Paul (Richter). *Paris, F.-G. Levrault,* 1836. In-8., demi-rel., m. r., tête dor., non rogné.

Rare.

240. Lalanne (Ludovic). Curiosités des Traditions, des Mœurs et des Légendes. *Paris, Paulin,* 1847. In-18, demi-rel.

LAMARTINE.

241. Chant du Sacre. *Paris, Urbain Canel et Baudouin, frères,* 1825. In-8 broché.

1re édition.

242. Recueillements poétiques. *Paris, Charles Gosselin, Furne et Cᵉ,* 1840. In-8, broché.

1re édition.

243. NOUVELLES MÉDITATIONS. *Paris, Urbain Canel, Audin,* 1823. In-8, broché.

1re édition.

EPITRES. *Paris, Urbain Canel, Henri Jeannin,* 1825. In-8, broché.

1re édition.

245. Jocelyn. *Paris, Pagnerre, Hachette, Furne,* 1861. In-16, broché.

Ex. nº 46 sur 100 papier de Chine.

246. Les Gaillardes poésies du capitaine Lasphrise. *Turin, J. Gay et fils,* 1870. 1 vol in-16, papier vélin anglais, d.-rel., m. bl., tête dor., n. rogné.

Réimpression à 100 ex. numérotés (nº 4).

247. LASAILLY. LES ROUERIES DE TRIALPH, notre contemporain avant son suicide. *Paris, Silvestre,* 1833. In-8, broché lavé.

1re édition d'un romantique rare.

248 Lebas. Festin joyeux ou la Cuisine en musique. *Paris, Lesclapart, père, Lesclapart, fils,* 1738. In-12, perc. bl.

249. Flaguais (Le). Mélodies françaises. *Paris, Dondey-Dupré,* 1829. In-16, demi-rel., m. r., fil., t. dor., non rogné.

De la série romantique.

LECONTE DE LISLE.

250. Poésies barbares. *Paris, Poulet-Malassis,* 1862. In-12, demi-rel., v. f., non rogné.

1re édition. — Rare.

251. Poëmes et Poésies. *Paris, Dentu,* 1855. In-12, demi-rel., non rogné.

1re édition.

252. Poëmes antiques. *Paris, Marc Ducloux,* 1852. In-12, demi-rel. v. f., non rogné.

1re édition. — Rare.

253. Poésies complètes. *Paris, Poulet-Malassis et de Broise,* 1858. In-12, broché, front. de L. Duveau.

Rare.

------

254. Lemoyne (André). Les Charmeuses. *Paris, Firmin Didot, frères.* Gr. in-8, papier vergé teinté, demi-rel., m. bl., non rogné. 12 eaux-fortes par Feyen-Perrin, de Bellée et Leconte. Titre gravé.

Chef-d'œuvre de typographie comme le suivant :

255. Lemoyne (André). Les Roses d'Antan. *Paris, Firmin Didot, frères.* Gr. in-8, demi-rel., m. bl., n. rog. Pap. vergé teinté, très-belles eaux-fortes de Delauney.

256. Leroux (Alfred). L'Herbier. *Paris, Raymond Bocquet.* 1842. In-8, demi-rel., m. bl., non rogné. Gravure.

A cette époque M. Alfred Leroux n'était point encore un homme politique.

257. Lesguillon (Madame Hermance). Rosées. *Paris, Louis Janet,* 1837. In-8, demi-rel., m. bl., filets, tête dorée, dos orné, non rogné. Vign. et fig. de Rogier, etc.

258. Loève-Veimars (A.). Le Népenthès. Contes, nouvelles et critiques. *Paris, Ladvocat,* 1833. 2 vol. in-8, brochés.

Romantique.

259. Liber. Les Pantagruéliques, contes du pays remois. *Turin, Gay et fils*, 1871. In-16, broché. Portrait.

Édition à 200 ex. sur papier vél. anglais.

260. Longus. DAPHNIS ET CHLOÉ. Traduction d'Amyot. *Jouaust*, 1872. Pet. in-12, broché. Compositions d'Emile Lévy, gravées par Flameng, dessins de Giacomelli, gravés par Rouget et Largent.

Ex. n° 58 sur papier vélin de Hollande, de ce chef-d'œuvre de la typographie moderne.

261. Longus. Les Amours pastorales de Daphnis et Chloé, 1745. In-16, dérelié. Figures du Régent, datées de 1714.

Très-bel exemplaire, lavé et encollé, prêt pour la reliure.

262. Loy (De). Préludes poétiques. *Paris, Ladvocat*, 1827. In-12, demi-rel., m. bl., n. rog.

De la série romantique.

263. Lucas (Hippolyte). Heures d'Amour. *Paris, Jules Gay,* 1864. Petit in-12, broché.

Ex. n° 70 sur 160. — Envoi à Léo Lespes. — Epuisé.

264. Luchet. Le Vicomte de Barjac ou Mémoires pour servir à l'Histoire de ce siècle. *A Dublin, de l'imprimerie de Wilson*, 1784, 2 tom. en 1 vol., in-16, d. rel. perc., *Figures en couleur.*

Très-bel exemplaire.

265. Mabille. Les Cigarettes, poësies. *Paris, Garnier*, 1853, in-8, jés., broché.

Très-rare. — C'est dans ce volume que se trouve la parodie :

Que j'en ai vu casser..... de pipes culottées !

266. Ma Rosalie, ou le Célibat des prêtres. *Paris, Moreau*, 1847, in-16, demi-rel., m. viol., n. rog.

267. Les Œuvres de Clément Marot. *La Haye, chez Adrien Mœtjens*, 1700, 2 vol. v.

Exemplaire de la bonne édition sous cette date.

268. Barthélemy, 1830. Satire politique. *Paris, A. G. Denain*, 1830, Dédicace. — Justification de l'état de siége. *Paris, Perrotin*. 1832. — Barthélemy et Mery. Rome à Paris, poëme, *Paris, Ambroise Dupont et Cie*, 1827. — Le Villéliade ou la prise du Château-Rivoli, 1827. — Une soirée chez M. de Peyronnet, 1827. — L'Insurrection, 1830. — Ensemble, 8 pièces in-8, broc., figures.

269. Magny (Olivier de). Les Gayetez. *Turin, J. Gay et fils* 1869, in-12, tiré in-4, broché.

Ex. n° 5 sur 6 papier de Chine.

270. Magny (Olivier de). Les Soupirs. *Turin, Gay et fils,* 1870, in-12, tiré in-4, broché.

Ex. n° 6 sur 6 pap. Chine.

271. Mathieu (Gustave). Parfums, chants et couleurs. *Lyon, Louis Perrin,* 1873, in-4, broché. — Texte encadré d'un filet rouge, portraits.

Chef-d'œuvre d'impression, par L. Perrin, d'un ouvrage publié par sous-cription et non mis dans le commerce.

272. Mercurialis, de Arte gymnasticâ libri sex. *Paris, Jacob Dupuis,* 1577, in-4, demi-rel.

Nombreuses et très-curieuses figures sur la gymnastique à la Renais-sance.

273. Méray (Antony). Priape et la comtesse. *Paris, Laisné,* 1847, in-12, demi-rel., m. r.. tête dor., non rogné.

Ex. lavé et encollé. Rare.

274. Mérimée. Théâtre de Clara Gazul. *Paris, H. Fournier jeune,* 1830, in-8, broché.

Édition originale.

275. Moncrif. Les Chats. *Paris, Gabriel Quillau,* 1727, in-8, v. — Dessins de Coypel.

266. Méry et Barthélemy. Némésis de la Restauration. *Paris, Perrotin, Gustave Dufour,* 1839, in-8, br. — Portraits à l'eau forte, par Torlet.

277. Millaud (Albert). Fantaisies de jeunesse. *Paris, librairie du Petit Journal,* 1866, in-8, pap. de couleur, broché. — Eaux fortes tirées à la sanguine par de Hem.

Dédicace autographique à Léo-Lespès.

278. Merlini Cocaii Opus. *Amsterdam, Abraham de Someren,* 1692, petit in-8, portraits. nombreuses et jolies figures. Bas.

279. Mirecourt (Eugène de). Maison Alexandre Dumas et Compagnie. *Paris, chez tous les marchands de nouveautés,* 1845, grand in-8, demi-rel., m. v , n. rogné.

280. Molière. Les œuvres de Monsieur de Molière. *Paris, Denis Thierry, Claude Barbin, Pierre Trabouillet,* 1697. — 8 vol. in-12, m. r. ancien, tr. dor. — Figures : celle de l'Ecole des Maris manque.

Les tomes VII et VIII sont de 1682,

281. Molière (J. B. P.). L'Amour médecin. *Paris, chez Nicolas Le Gras*, 1666, cartonné non rogné.

Réimpression par Louis Lacour des éditions originales. — Epuisé.

282. Monnier (Henry). Scènes populaires. *Paris, Dentu*, 1864, in-8, perc. non rogné. — Nombreux dessins d'H. Monnier. — Titre rouge et noir.

Rare.

283. Monnier (Henry). Les Bas-Fonds de la société. *Paris, Jules Claye*, 1862, in-4, rel. en parchemin, non rogné.

Exemplaire n° 195 de la première édition publiée à 200 exempl. et à 100 fr.

MONSELET (Charles).

284. La lorgnette littéraire. *Paris, Poulet-Malassis*, 1859. — Supplément à la lorgnette littéraire. *Paris, Pincebourde*, 1870. — 2 vol., d. rel. m., non rognés.

285. Les Oubliés et les Dédaignés. *Alençon, Poulet-Malassis et De Broise*, 1857, 2 vol. in-12, demi-rel. m. bl., t. dor., non rognés, titres rouge et noir.

Très-rare en deux volumes avec les deux titres.

286. Statues et Statuettes contemporaines. *Paris, D. Giraud et J. Dagneau*, in-12, demi-rel., m. br.

287. Histoire anecdotique du Tribunal Révolutionnaire. *Paris, D. Giraud et J. Dagneau*, 1853, in-12, demi-rel., m. bl., tête dorée, non rogné.

Rare.

288. Fréron ou l'illustre critique, sa vie, ses écrits, sa famille, etc. *Paris, René Pincebourde*, 1864, in-16. br.

Exempl. n° 15 sur papier de Chine.

289. Les Tréteaux. *Paris, Poulet-Malassis et De Broise*, 1859, in-12, broché, titre rouge et noir. — Frontisp. gr. par Bracquemont.

———

290. Moore. Traduction H. Butat. L'Epicurien. Préface d'Edouard Thierry. *Paris, E. Dentu*, 1865, in-8, demi-rel., m. r., non rogné. — Dessins de Gustave Doré.

291. Le Moulin. *Turin, Gay et fils*, 1870, in-16, br.

Exempl. n° 60 sur 90, pap. vélin anglais.

292. Morande. Anecdotes sur Madame la comtesse Du Barri. *Londres*, 1775, in-12, demi-rel., m. r., non rogné.

293. MUSSET (Alfred de). Un Spectacle dans un fauteuil. *Paris, Eugène Renduel*, 1833, in-8, demi-rel., m. r., tête dorée, non rogné.

1re édition. Ex. lavé et encollé. Légère cassure à quelques feuillets.

294. Musset (Alfred de). Poésies complètes. *Paris, Charpentier*, 1840, in-12, demi-rel., m. v., coins, tête dorée, fil., non rogné. — 1re édition collective; 1re édition des poésies nouvelles de 1835 à 1840.

Très-bel exemplaire sur un papier dont la librairie a perdu l'usage.

295. Musset (Alfred de). Poésies nouvelles, *Paris, Charpentier*, 1850, in-12, demi-rel., m. v., coins, fil., tête dor, non rogné.

1re édition.

296. Nodier (Charles). La Neuvaine de la Chandeleur. *Paris, Dumont*, 1840, in-8, broché.

1re édition.

297. Noël. Le Rabelais de poche. *Alençon, Poulet-Malassis*, 1860, in-12, percal., non rogné, titre gravé.

298. Noël du Fail. Propos rustiques, balivernes, contes et discours d'Eutrapel. *Paris, Charpentier*, in-12, demi-rel., m r., tête dor., n. rogn.

1re édition donnée par Charpentier avec les annotations de M. Guichard Exemplaire lavé et encollé.

299. Marchand ou Nogaret. Le Vendangeur sensible. *Londres, Paris, Jean-François Bastien*, 1777.

Bel exemplaire de cette pièce rare et scatologique qui ne fut pas représentée, dit l'auteur, parce qu'on ne trouva pas d'acteurs ni d'actrices pour tenir les rôles.

300. Notice sur le monument érigé à Paris par souscription à la gloire de Molière. *Paris, Perrotin*, 1844. — Samson. Discours en vers pour le 223e anniversaire de la naissance de Molière. *Paris, Fournier*, 1845. Ensemble 2 ouvrages en 1 vol. grand in-8, demi-rel., perc., non rogné, plans et fig. gravées.

301. Pankoucke. Art de désopiler la rate sive de modo C. prudenter en prenant chaque feuillet pour se T. le C. Gallipoli de Calabre, 1756, in-12, v.

302. Parnassiculet contemporain. *Paris, librairie centrale*, 1867, in-12, broché, eau-forte de Delor.

Exempl. n° 5 de la 1re édition à 50 exempl. sur pap. de Hollande.

303. Physiologie du Prédestiné, par une bête sans cornes; dessins de Gagniet. *Paris, Raymond-Bocquet*, 1841, in-16, demi-rel., m. r., t. dor., non rog.

Exemplaire sur papier jaune.

304. Pogge. Quelques contes du Pogge traduits pour la première fois en français par G. Brunet. *Genève, Gay*, 1868, in-12, broché.

Exempl. n° 2 sur 4 pap. Chine.

305. Pogge. Les bains de Bade au XVe siècle. *Paris, Académie des Bibliophiles*, 1868, petit in-8, broché.

307. Poggiana. *Amsterdam, Pierre Humbert*, 1720, 2 vol., in-12, v. ec.

308. Pommier (Amédée). L'Enfer. *Paris, Garnier*, 1856, petit in12, broché. — Titre rouge et noir.

309. Pougens (MM. J. F. Alexandre). L'Art de conserver la santé, de vivre longtemps et heureusement, avec une traduction en vers français des vers latins de l'école de Salerne. *Montpellier, chez l'auteur. Paris, Bochet, Gabon, Bechet Charles*, 1825, in-8, v. f., fil., tr. dorée. (*Bauzonnet.*)

310. Histoire de Manon (par l'abbé Prévost d'Exiles). *Paris, Pierre Gosse*, 1741, 2 tom. en 1 vol. in-12, v.

Edition peu commune, très-bien imprimée ; quoique les titres portent, *Histoire de Manon*, les titres courants sont : *Mémoires d'un homme de qualité qui s'est retiré du monde*. Au commencement de la 2e partie, on trouve une lettre de six pages, signée d'Exiles, qui n'a pas été reproduite dans les éditions modernes.

311. Histoire de Manon Lescaut et du chevalier Desgrieux. Précédée d'un étude par Arsène Houssaye. *Paris, librairie des Bibliophiles*, 1874, 2 vol. brochés. — Six eaux-fortes d'Hédouin.

Exempl. n° 24 sur 25, pap. de Chine.

312. Privat d'Anglemont (Alexandre). Paris anecdote. *Paris. Delahays*, 1860, in-16 raisin, demi-rel., m. violet, tête dorée, non rogné.

313. Privat d'Anglemont (A.). Paris inconnu. *Paris, Adolphe Delahays*, 1861, in-16, demi-rel., m. r., tête dorée, non rogné.

314. Puce de Mme Desroches (La). *Paris, cabinet du Bibliophile*, 1868, broché.

1er tirage.

315. Quattro novelle Scelte *Cosmopoli*, 1865, in 12 br.

Exempl. n° 81 sur 90, pap. vergé.

316. Rabelais. Les lettres de Fr. Rabelais écrites pendant son voyage d'Italie. *Brusselles, Foppens*, 1710. Pet. in-8, demi-rel. v. f , coins, fil., non rogné. — Portrait de Rabelais, et figures.

317. Les songes drolatiques de Pantagruel. Reproduction, fac-simile du texte et des 129 pl. de l'édit. originale ;

augmentée d'un portr. authentique de Rabelais et d'une bibliographie par M. Paul Lacroix. — *Genève, J. Gay et fils*, 1868, in-8, broché.

Exempl. n° 274 sur 300, papier de Hollande.

317 *bis*. Rabelais. Les Songes drolatiques de Pantagruel ou sont contenues cent vingt figures de l'invention de maître François Rabelais. Copiés en fac-simile par Jules Morel sur l'édition de 1565, pour la récréation des bons esprits, avec un texte explicatif et des notes, par Le Grand Jacques (Gabriel Richard). *Paris, chez les bons libraires*, 1869. In-8, broché.

318. Œuvres de François Rabelais. *Paris, J. Bry aîné*, 1854, gr. in-4, broché. — Figures par Gustave Doré.

1ᵉʳ tirage de ces figures qui sont, avec celles des contes drolâtiques, le chef-d'œuvre de G. Doré.

319. Rabelais. Edition Burgaud des Marets et Rathery. *Paris, Didot*, 1870, 4 vol. in-8, brochés.

Exempl. en papier de Hollande.

320. Rabou (Charles). Louison d'Arquien. *Paris, Dumont*, 1840. In-8, demi-rel., perc. r., non rogné. Cachet effacé sur le titre.

V. Asselineau.

321. La Rapinéide ou l'atelier. Poëme burlesco-comico-tragique en 7 chants, par un ancien rapin des ateliers Gros et Girodet. *Paris, Barraud*, 1870. In-8, demi-rel., m. bl., tête dor., non rogné. 15 eaux-fortes et nombreuses vignettes.

Exempl. sur papier vergé.

322. Recueil général des pièces contenues au procès de M. le marquis de Gesvres, et de Mˡˡᵉ de Mascranni son épouse. *Rotterdam, Reinier-Leer*, 1714. 2 vol. in-12, demi-rel. v.

Procès pour cause d'impuissance.

323. Recueil des plus belles épigrammes des poëtes français, depuis Marot jusqu'à nos jours. *Paris. N. Leclerc*, 1698. 2 in-12, v. f., fil.

324. RÉGNIER. ŒUVRES. *Paris, Alphonse Lemerre*, 1869, broché, 2 épreuves du portrait.

Exempl. sur papier Wattmann.

325. Régnier. Œuvres de Mathurin Régnier. *Paris, P. Jannet*, 1853. Broché.

De la bibliothèque Elzévirienne.

326. **ŒUVRES DE REGNIER.** *Paris, Académie des Biblio-philes*, 1867. In-8, m. citron, dos orné, filets, dent. int., tr. dor. sur témoins (*Hardy Menil*).

Exempl. n° 10 sur 15 papier de Chine de la réimpression L. Lacour.

327. **OEuvres de M. Remond de Saint-Mard.** *Amsterdam, Pierre Mortier*, 1749. 5 vol. in-16, mar. r., fil., tr. jasp. et dorée, 5 titres avec fleurons, 5 frontisp. gravés.

329. **Ristelhuber. Les contes de Pogge, florentin.** *Paris, Lemerre*, 1867. In-16, carré, demi-rel., m. v., coins, tête dor., n. rog.

Tiré à 200 exempl. Epuisé.

330. **Ristelhuber. Intermezzo. Poëme de H. Heine, traduit en vers français, par R.....** *Paris, Poulet-Malassis*, 1858. In-18, broché.

331. **Robert. Le cabinet de Lecture.** *Paris, les marchands de nouveautés.* In-24, demi-rel. m. r., coins, tête dorée, non rogné.

Plaquette facétieuse et peu commune.

332. **Rochefort (Henri). Les petits mystères de l'Hôtel des Ventes.** *Paris, Dentu.* S. d. In-12, br.

Rare.

333. **Rochefort (Henri). Les Français de la décadence.** *Paris, librairie centrale*, 1867. In-12, br. Rare.

334. **Rolland (Amédée). Matutina.** *Paris, Gustave Gratiot*, 1947. In-12, demi-rel., m. r., tête dorée, non rogné.

Très-rare.

335. **Rolland (Amédée). Au Fond du verre.** *Paris, imprimerie d'Aubusson et Kugelmann*, 1854. In-18 jésus, demi-rel.

Très-rare.

336. **Romieu (M. A.). Le Spectre Rouge.** *Paris, Ledoyen*, 1851. In-12, demi-rel., non rogné.

337. **Ronsard. Recueil des sonnets, odes, etc, et autres pièces retranchées aux éditions précédentes des œuvres de Ronsard.** *Paris, Buon*, 1609. In-16. demi-rel.

338. **Ronsard. Le livret de folastries à Janot Parisien.** *Paris, Gay*, 1862, demi-rel., v. f., tête dor., n. rogn.

Réimpression à 100 ex., n° 28.

339. **Royer (Alphonse). LES MAUVAIS GARÇONS.** *Paris, Renduel*, 1830. 2 vol. in-8, perc., non rognés. Vignettes de Johannot sur les titres.

Romantique rare et recherché.

340. Saint-Amant. Les œuvres du sieur de... *Lyon, Pierre Compagnon*, 1668. In-16., v. f., tr. dorée.

341. Traité de saint Bernard, premier abbé de Clervaux, De l'Amour de Dieu, Traduit en français par le R. P. Antoine de Saint-Gabriel. *Paris, Académie des Bibliophiles*, 1867. In-18, broché.
Exempl. n° 183 sur 313, papier vergé.

SAINTE-BEUVE.

342. VOLUPTÉ. *Paris, Renduel*, 1834. 2 vol. in-8, demi-rel., m. r., non rognés.
Sur le faux titre du 1er volume, on lit : j'apartiens (*sic*) à Marie Dorval. 1re édition. Très-rare.

343. VIE, POÉSIES ET PENSÉES DE JOSEPH DELORME. *Paris, Delangle, frères*, 1829. Pet. in-8, m. bl., fil. sur les plats, tr. dorée.
1re Edition. Ex. dans une charmante reliure, qui fait un petit bijou de ce volume rare, ainsi que du suivant.

344. LES CONSOLATIONS, poésies. *Paris, Urbain Canel, Levavasseur*, 1830. Même reliure et même état que le précédent.
1re édition.

345. PENSÉES d'AOUT, poésies. *Paris, Eugène Renduel*, 1837. In-12, m. bl., fil. et fers sur les pl., tr. dorée. Reliure à peu près semblable aux précédentes. La marge antérieure du titre et du faux-titre a été un peu atteinte vers l'angle supérieur.
1re édition.

346. Le comte de Clermont et sa Cour. *Paris, Académie des Bibliophiles*, 1868. In-16, broché.
Fac simile.

347. Joseph Delorme. *Paris, Poulet-Malassis et de Broise*, 1861. In-8., broché. Titre rouge et noir.
Edition très-augmentée.

---

348. Salgues (J. B.). Des Erreurs et des Préjugés répandus dans les diverses classes de la société. *Bruxelles, librairie encyclopédique de Perichon*, 1830. 3 vol. in-8, demi-rel., m. v., non rognés.

349. Saint Estève. Eucologe à l'usage de l'église catholique française. *Paris*, 1834. In-32, m. r., tr. dor. Portrait de l'abbé Chatel.
Rare.

350. Sand (Mme G.), Rose et Blanche. *Bruxelles, Meline, Cans et Ce*, 1837. 2 vol. in-16, cart.

Le premier ouvrage de George Sand, en collaboration avec Jules Sandeau. Contrefaçon belge de l'édition française introuvable.

351. Scholl (Aurélien). La foire aux Artistes. *Paris, Poulet-Malassis*, 1858. In-16, demi-rel., m. bl., tête dor., non rogné.

Rare.

352. Scholl (Aurélien). Les Amours de Théâtre. *Paris, Hetzel*, s. d. In-12, percal. r., n. rog.

353. Soulary (Joséphin). Sonnets, poëmes et poésies. *Lyon, Louis Perrin*, 1864. In-8, pap. teinté, tête dor., non rogné.

Cette édition contient les figulines : elle a été publiée par souscription et n'a pas été mise dans le commerce.

354. Sterne. Voyage sentimental. *Dijon, Frantin*, 1797. 1 vol. in-32, tiré in-8, papier fin, demi-rel., v. f., non rogné.

355. Sylvain (Maréchal). Pour et contre la Bible. A Jérusalem, l'an de l'ère chrétienne 1801. In-8, demi-rel., m. bl., non rogné.

356. Tabourot. Les bigarrures et touches du Seigneur des accords avec les apophthegmes et les escraignes. *Paris, Maucroy*, 1662. In-12, v.

357. Tahureau. Les Dialogues. *Paris, Alphonse Lemerre*, 1871. In-12, broché.

358. Ulback (Louis). Gloriana. *Paris, Coquebert*, 1844. In-8, demi-rel., m. r., dos orné, coins, fil., tête dor., n, rogné (*Amand*).

Rare. Se range dans la série des romantiques.

359. Vallès. L'argent, par un homme de lettres devenu homme de bourse. *Paris, Ledoyen*, 1857. In-12, broché.

Rare avec la pièce de 5 francs sur le titre.

360. Vallès (Jules). Les Réfractaires. *Paris, Achille Faure*, 1868. In-12, broché.

Rare.

361. Vermesch (E.). Les Binettes rimées. *Paris, aux Bureaux de l'image et chez Gayet*. In-16, br. Dessins de L. Petit et Regamey.

Portraits de A. Daudet, de Banville, Offenbach, etc., par Vermesch, le *Père Duchêne* de la Commune, dédiés à son ami... E. Schuerb!!!

362. Vermesch (Le Père Duchène). Les Printemps du cœur. *Paris, Sausset*, 1865. In-18 jésus, broché.

363. VIGNY (Le comte Alfred de). LE MORE DE VENISE, OTHELLO. *Paris, Levavasseur, Urbain Canel*, 1830. In-8, broché.

1re édition.

364. VIGNY (Comte Alfred de). POÈMES. *Paris, Charles Gosselin, Levasseur*, 1829. In-8, demi-rel., m. bl., tête doré, non rogné.

La 1re édition collective est celle de mai 1829 ; celle-ci parut deux mois après, en juillet ; elle est identiquement pareille à l'autre ; sauf qu'elle contient en plus une préface de quatre pages. Les pièces qui composent le volume avaient paru séparément dans divers recueils. V. Asselineau.

365. Vigny (Comte Alfred de). Poëmes antiques et modernes. *Paris, H. Delloye, V. Lecou*, 1838. In-8, broché.

366. Weill (Alexandre). Amours et Blasphèmes. *Bruxelles, A. Lacroix*, 1862. In-12, demi-rel. Rare.

367. Wolf (Albert). Deux Empereurs. *Bruxelles, A. N. Lebègue et C*, 1871. In-12, broché.

Envoi d'auteur. Rare en France.

SUPPLÉMENT

368. Almanach du jour de l'an, par Balzac, Gozlan, Musset, Gautier, Dumas fils, etc., dont il contient des vers ou des nouvelles inédites. *Paris, Hetzel*, 1846. In-32, demi-rel., m. bl., non rogné. Vignettes de Bertall, Granville.

Curieux et rare petit volume. Un feuillet cassé dans la marge.

369. Almanach de la Polka. *Paris, Martinon*, 1845. In-16, demi-rel., m. bl.

Sorte de physiologie de la grande chaumière qui n'a d'un almanach que le calendrier obligé.

370. Balzac. Traité de la vie élégante. *Paris*, 1853. In-16, demi-rel., m. bl., non rogné.

371. Baudelaire. Les Paradis artificiels. *Paris, Poulet-Malassis*, 1861. In-12, demi-rel., m. v., non rogné.

372. Dorat. Fables nouvelles. *La Haye et Paris, Delalain,*
   1773. In-8, figures, fleurons et culs de lampe de Marillier.
   Recueil de contes et de Poëmes. *La Haye et Paris, Delalain.* In-8, frontisp. 8 gravures ou fleurons d'Eisen. — En
   un vol. in-8, demi-rel., m. r., coïns, tr. dorée.

373. Genty (Achille). Rimes inédites en patois percheron.
   La fontaine des Amoureux de science, composée par
   Jean de la Fontaine. — Chansons sur la Régence. *Paris,
   Poulet-Malassis,* 1861, 3 vol. in-16, brochés.

374. Remensiana. *Reims, Jacquet,* 1845. In-32, demi-rel.,
   m. bl., non rogné.

375. Bibliographie des ouvrages relatifs à l'amour, aux
   femmes, au mariage, par C. d'I..... *Turin, J. Gay,* 1871-
   1875. 6 vol. in-4, brochés.
   Ex. n° 20 sur 100, grand papier.

376. Quérard. Supercheries littéraires dévoilées. *Paris,
   Daffis,* 1869-1871. 3 vol. en 6 tomes in-8, brochés. — Barbier, Dictionnaire des anonymes. *Paris, Daffis,* 1871-
   1874. 4 tomes in-8 brochés.
   Exemplaire sur papier de Hollande. — On se procurera les derniers volumes chez l'éditeur.

377. Quérard. Littérature française contemporaine. *Paris.*
   10 vol. en 19 tomes in-8, brochés.

378. Fournier (Henri). Traité de la typographie. *Tours,
   Mame et C°,* 1870. In-8, broché.
   Ex. n° 29 sur 50, papier de Hollande.

379. Demesmay. Les solitudes, poésies. *Paris, Levavasseur,*
   1830. In-16, broché.

380. Almanach des gourmands, par un vieil amateur.
   1re, 2e, 3e, 4e, 5e, 6e, 7e, 8e années. — Nouvel almanach
   des gourmands, par M. de Périgord, 1re et 2e années. —
   Almanach perpétuel des gourmands, 1830. 10 vol. petit
   In-12, demi-rel. v. bl., non rognés; mouillures et feuillets coupés avec les doigts.
   Le tome Ier est broché.

381. Champfleury. Histoire des faïences patriotiques sous
   la révolution. *Paris, Dentu,* 1867. In-8, titre rouge et
   noir. Nombreuses figures, broché.
   Epuisé.

382. Champfleury. Contes d'automne. *Paris, Lecou,* 1854.
   In-12, br.

383. Lévy (Edmond). Histoire de la peinture sur verre en Europe. *Bruxelles, Tircher*, 1860. 1 vol. et 1 atlas grand in-4, cartonnés, non rognés. 37 grandes chromolithographies ou lithographies sur papier de Chine.
Rare.

384. Balzac. Physiologie de l'employé. *Paris, Aubert*. In-16. broché. Dessins de Trimolet.

385. Arago. Physiologie du Protecteur. — Solignac. Physiologie du maître de pension. — Physiologie du fumeur. — Physiologie du matelot. — 4 vol. in-16, brochés.

386. Ferrand-Desnoyers. Poésie française. *Paris, Alcan-Lévy*. In-12 broché. Portrait à l'eau-forte par Dujarrie.

387. Les Femmes blondes selon les peintres de l'école de Venise, par deux Vénitiens. *Paris, Aubry*, 1865. In-8, broché.

388. Dupont (Pierre). La Légende du Juif-Errant. *Paris, Librairie du Magasin pittoresque*. In-folio. Grandes compositions de Gustave Doré. Non rogné. A laver.
1re édition des gravures; — le texte avait paru en 1856.

388 *bis*. Deyeux. Le vieux Chasseur. *Paris, Houdaille*, 1836. In-16, cartonnage de l'éditeur.
53 gravures à l'eau-forte qu'il ne faut pas confondre avec les figures sur bois de la réimpression. — Rare.

389. Huart. Ulysse ou les Porcs vengés. *Paris, Garnier*, 1852. In-18, broché. Vignettes de Daumier et de Beaumont.
Rare. — A été coupé avec les doigts.

390. Art de mettre sa cravate de mille et une manières, par le baron Emile de l'Empesé. *Paris, Ledoyen*, 1831. In-18, broché. 39 figures et portraits.
Attribué à M. Lefebvre Duruflé, ministre en 1851, d'après le *Charivari* de cette époque.

391. Chapus. Théorie de l'élégance. *Paris*, 1844. In-32, br.

392. Babou (Hippolite). La Vérité sur le cas de M. Champfleury. *Paris, Poulet, Malassis et De Broise*, 1857. In-18, br.
Très-rare.

393. Karr (Alphonse). Les Guêpes, collection bien complète en 21 vol. in-32, demi-rel. v.

394. Monselet. Les Ruines de Paris. *Leipzig, Dürr*, 1857. 2 vol. in-32 brochés.
De la collection Hetzel.

395. Monselet. Le Musée secret de Paris. *Paris, Lévy.* In-32, br.

De la collection Hetzel.

396. Schoil (Aurélien). Dictionnaire féodal. *Paris, Lévy.* In-32, br.

Très-rare.

397. Surville (Mme). Balzac, sa vie et ses œuvres. *Paris, Librairie nouvelle,* 1858. In-12, br.

398. Fertiault. Les Noëls bourguignons. *Paris, Locard Davi,* 1858. In-12, broché. 24 gravures d'après Bertrand.

399. Champfleury. — Contes. — Chien Caillou. — Pauvre Trompette. — Feu Miette. *Paris, Lévy,* 1851. In-12, br.

400. Baudelaire. Les Paradis artificiels. *Paris, Poulet-Malassis,* 1860. In-12, broché.

401. Chatillon (Aug. de). A la Grand-Pinte. *Paris, Poulet-Malassis,* 1860. In-12, broché.

Autographe de quatre vers.

402. Veyrières (Louis de). Sonnettistes anciens et modernes. *Paris, Bachelin-Deflorenne,* 1870. 2 vol. in-12, brochés.

403. Delvau et Duchêne. Lettres de Junius. *Paris, Dentu,* 1862. In-12, broché.

404. FIGARO. Collection du *Figaro,* de 1854 à 1866, à laquelle il ne manque qu'une trentaine de numéros. 12 vol. in-folio, demi-rel. m. br., non rognés.

Très-rare.

PARIS. — IMP. VICTOR GOUPY, 5, RUE GARANCIÈRE

www.ingramcontent.com/pod-product-compliance
Ingram Content Group UK Ltd.
Pitfield, Milton Keynes, MK11 3LW, UK
UKHW031743170726
13836UKWH00002B/847